Los 46 presidentes de América

Sus historias, logros y legados: De George Washington a Joe Biden (Libro de biografías de EE.UU. para jóvenes y adultos)

Por Student Press Books

Índice de contenidos

Índice de contenidos 2

Introducción........... 5

Tu regalo 6

1. George Washington (1789-1797)........... 7

2. John Adams (1797-1801)........... 8

3. Thomas Jefferson (1801-1809) 9

4. James Madison (1809-1817)........... 11

5. James Monroe (1817-1825)........... 13

6. John Quincy Adams (1825-1892) 15

7. Andrew Jackson (1829-1837) 17

8. Martin Van Buren (1837-1841)........... 19

9. William Henry Harrison (1841-1841) 21

10. John Tyler (1841-1845)........... 23

11. James K. Polk (1845-1849)........... 25

12. Zachary Taylor (1849-1850)........... 27

13. Millard Fillmore (1850-1853)........... 29

14. Franklin Pierce (1853-1857)........... 31

15. James Buchanan (1857-1861) 32

16. Abraham Lincoln (1861-1865) 34

17. Andrew Johnson (1865-1869) 36

18. Ulysses S. Grant (1869-1877) 38

19. Rutherford B. Hayes (1877-1881) 40

20. James A. Garfield (1881-1881) 41

21. Chester A. Arthur (1881-1885) 42

22 & 24. Grover Cleveland (1885-1889, 1893-1897) 44

23. 23. Benjamin Harrison (1889-1893) 46

25. William McKinley (1897-1901) 48

26. Theodore Roosevelt (1901-1909) 50

27. William Howard Taft (1909-1913) 52

28. Woodrow Wilson (1913-1921) 55

29. Warren G. Harding (1921-1923) 56

30. Calvin Coolidge (1923-1929) 57

31. Herbert Hoover (1929-1933) 59

32. Franklin D. Roosevelt (1933-1945) 60

33. Harry S. Truman (1945-1953) 62

34. Dwight D. Eisenhower (1953-1961) 64

35. John F. Kennedy (1961-1963) 66

36. Lyndon B. Johnson (1963-1969) 68

37. Richard Nixon (1969-1974) 70

38. Gerald Ford (1974-1977) 72

39. Jimmy Carter (1977-1981) 74

40. Ronald Reagan (1981-1989) 76

41. George H. W. Bush (1989-1993) 78

42. Bill Clinton (1993-2001) 80

43. George W. Bush (2001-2009) 82

44. Barack Obama (2009-2017) 84

45. Donald Trump (2017-2021) 86

46. Joe Biden (2021-ahora) 88

Tu regalo 89

Libros 90

Conclusión 96

Introducción

Conozca a los 46 presidentes de América - biografías para mayores de 12 años.

Esta es la edición corta, que presenta los perfiles resumidos de cada presidente. Consulta la edición ampliada (600 páginas) del libro para ver los perfiles presidenciales completos.

Bienvenido a la serie Líderes mundiales . Este libro te presenta a los 46 presidentes de América. Lee las biografías inspiradoras de todos los hombres valientes que se atrevieron a gobernar América.

Este libro, de carácter factual e informativo, te cuenta los rasgos más importantes de los presidentes estadounidenses, su decisión de presentarse a las elecciones y sus éxitos y fracasos.

Este libro te enseñará todo sobre los presidentes estadounidenses, incluyendo sus historias y logros, desde George Washington hasta Joe Biden. ¡También aprenderás algunos datos poco conocidos sobre ellos!

Te encantará conocer a estos valientes que se atrevieron a ser presidente de los EE.UU.

Este libro de la serie Líderes mundiales **abarca:**

- Biografías fascinantes: Lee sobre la vida de los 46 presidentes estadounidenses y sus logros.
- Retratos vívidos: Haz que estos presidentes americanos cobren vida en tu imaginación con la ayuda de estimulantes ilustraciones.

Sobre la serie: La **serie** Líderes mundialesde **Student Press Books** presenta nuevas perspectivas sobre los presidentes de Estados Unidos que inspirarán a los jóvenes lectores a considerar su lugar en la sociedad y a aprender sobre la política y su historia.

Los 46 presidentes de Américamás allá de otros libros de biografías y destaca por incluir información que otros libros omiten. ¿Cuál es tu presidente estadounidense favorito?

Tu regalo

Tienes un libro en tus manos.

No es un libro cualquiera, es un libro de Student Press Books. Escribimos sobre héroes negros, mujeres empoderadas, mitología, filosofía, historia y otros temas interesantes.

Ya que has comprado un libro, queremos que tengas otro gratis.

Todo lo que necesita es una dirección de correo electrónico y la posibilidad de suscribirse a nuestro boletín (lo que significa que puede darse de baja en cualquier momento).

¿A qué espera? Suscríbase hoy mismo y reclame su libro gratuito al instante. Todo lo que tiene que hacer es visitar el siguiente enlace e introducir su dirección de correo electrónico. Se le enviará el enlace para descargar la versión en PDF del libro inmediatamente para que pueda leerlo sin conexión en cualquier momento.

Y no te preocupes: no hay trampas ni cargos ocultos; sólo un regalo a la vieja usanza por parte de Student Press Books.

Visite este enlace ahora mismo y suscríbase para recibir un ejemplar gratuito de uno de nuestros libros.

Link: https://campsite.bio/studentpressbooks

1. George Washington (1789-1797)

Partido no afiliado | Vicepresidente: John Adams

"Es mejor estar solo que mal acompañado".

Muchos presidentes de Estados Unidos fueron honrados por sus grandes logros, y los de George Washington le distinguieron como Padre de la Patria. Washington fue comandante en jefe del Ejército Continental durante la Revolución Americana, presidente de la convención que redactó la Constitución de los Estados Unidos y primer presidente de los Estados Unidos.

Washington lideró al pueblo que transformó a los Estados Unidos de una colonia británica en una nación autónoma. Sus ideales de libertad y democracia marcaron una pauta para los futuros presidentes y para todo el país.

2. John Adams (1797-1801)

Partido Federalista | Vicepresidente: Thomas Jefferson

"Todo en la vida debe hacerse con reflexión".

Como primer vicepresidente y segundo presidente de los Estados Unidos, John Adams fue uno de los padres fundadores de la nueva nación. Adams fue delegado del Congreso Continental de 1774 a 1777 y uno de los dos únicos presidentes cuya firma aparece en la Declaración de Independencia. Adams también participó en la negociación del Tratado de París de 1783 que puso fin a la Revolución Americana.

John Adams aplicó sus expertas habilidades en política exterior para asegurar la diplomacia con Gran Bretaña tras la Revolución Americana y para evitar una posible guerra con Francia durante su presidencia. Adams fue vicepresidente de George Washington de 1789 a 1797 y luego sucedió a Washington como presidente, ocupando el cargo de 1797 a 1801. Durante su mandato, Adams dirigió el país defendiendo los valores de libertad y democracia establecidos en la Constitución de Estados Unidos.

3. Thomas Jefferson (1801-1809)

Partido Demócrata-Republicano | Vicepresidentes: Aaron Burr y George Clinton

"Si quieres algo que nunca has tenido debes estar dispuesto a hacer algo que nunca has hecho".

Autor de la Declaración de Independencia en 1776, Thomas Jefferson fue posteriormente el tercer presidente de los Estados Unidos, ocupando el cargo de 1801 a 1809. Durante su presidencia, el territorio de Estados Unidos se duplicó con la compra de Luisiana. Para investigar la inmensidad de esta tierra recién adquirida en el Oeste, envió a dos de los exploradores más famosos de la historia de Estados Unidos, Meriwether Lewis y William Clark, a abrir un camino a través de las Montañas Rocosas hasta el Océano Pacífico. En la primera guerra de ultramar de la historia de Estados Unidos, Thomas Jefferson envió fuerzas militares al mar Mediterráneo para aplastar las amenazas de piratería de Trípoli.

Thomas Jefferson entró en la arena política en 1769 como legislador del estado de Virginia. Entre 1775 y 1801 ocupó varios cargos públicos notables, como delegado del Congreso Continental, gobernador de Virginia, secretario de Estado y vicepresidente de los Estados Unidos. Su estancia en París durante la década de 1780 como embajador de EE.UU. en Francia suscitó más controversias sobre su vida personal que sobre sus logros en las relaciones exteriores.

Thomas Jefferson, que era propietario de esclavos, convocó a Sally Hemings, una mujer esclavizada, desde su casa a París. Su supuesta relación suscitó un debate sobre si él era el padre de algunos de sus hijos, debate que persistió mucho después de su muerte.

Thomas Jefferson inició la educación pública gratuita y la separación de la Iglesia y el Estado en Virginia; estas iniciativas fueron las piedras angulares de reformas similares en todo el país. Como activista de los derechos de los estados, Jefferson fundó el Partido Republicano (más tarde Partido Demócrata-Republicano) para hacer frente a los ideales federalistas de un poderoso gobierno federal. Padre fundador de su país, Jefferson inspiró un sentimiento de orgullo nacionalista para Estados Unidos basado en la libertad y los derechos humanos.

4. James Madison (1809-1817)

Partido Demócrata-Republicano | Vicepresidentes: George Clinton y Elbridge Gerry

James Madison, el padre de la Constitución, fue el cuarto presidente de los Estados Unidos, que ocupó el cargo entre 1809 y 1817. Al suceder a Thomas Jefferson en la presidencia, Madison tuvo que enfrentarse a las amenazas navales británicas en ultramar y a la hostilidad de los nativos americanos, atizada por el resentimiento británico hacia Estados Unidos. Estos factores contribuyeron a la Guerra de 1812 contra Gran Bretaña. Aunque terminó en un punto muerto, la guerra estableció a James Madison como un distinguido líder de su país. Logró el prestigio y la gloria nacionales sin "infringir un derecho político, civil o religioso".

James Madison se inspiró en los ideales de Jefferson durante la convención de Virginia de 1776, donde elaboraron una constitución estatal. Los dos estadistas abogaron por reformas religiosas y de educación pública en Virginia que acabaron adoptándose en otros estados y en el gobierno federal.

En la Convención Constitucional de 1787, James Madison desempeñó un papel fundamental en la redacción de la Constitución de los Estados Unidos. Ésta se convirtió en la base de la libertad y los derechos humanos disponibles para todos los ciudadanos estadounidenses que se ganaron en la Revolución Americana. James Madison y Jefferson establecieron una alianza política que condujo al nacimiento del partido republicano, que se oponía al partido federalista, al que consideraban parecido a la monarquía británica.

James Madison impulsó su carrera en la política nacional como miembro de la Cámara de Representantes de EE.UU. de 1789 a 1797. En la Cámara, consiguió la idea de Jefferson de incluir la Carta de Derechos en la Constitución. Como secretario de Estado del Gabinete del Presidente Jefferson, Madison se enfrentó a Gran Bretaña y Francia por los derechos de neutralidad de Estados Unidos en el mar. Madison siguió los pasos de Jefferson como líder de una nueva nación que estaba destinada a convertirse en una potencia mundial.

5. James Monroe (1817-1825)

Partido Demócrata-Republicano | Vicepresidente: Daniel D. Tompkins

El quinto presidente de Estados Unidos fue James Monroe, cuyo logro más célebre durante su administración (1817-25) fue la propuesta de la Doctrina Monroe en 1823. Fue una política histórica para la defensa de América del Norte y del Sur contra la intrusión extranjera. Sus dos mandatos como presidente trajeron consigo una creciente riqueza nacional, una fuerte expansión hacia el oeste y un nuevo interés por las carreteras, los canales y los puentes.

Veterano de la Revolución Americana y firme partidario de los principios jeffersonianos de gobierno, James Monroe se convirtió en un influyente líder estatal y nacional. Desempeñó un papel vital como embajador de Estados Unidos en la negociación de la compra de Luisiana en 1803. La falta de partidismo allanó el camino para un periodo que se conoció como la "Era de los Buenos Sentimientos", que comenzó al principio de su presidencia. Adquirió el territorio de Florida para los Estados Unidos en 1819, y cinco territorios estadounidenses alcanzaron la condición de estado durante su administración, incluyendo Mississippi (1817), Illinois (1818) y Alabama (1819). Maine (1820) y Missouri (1821) fueron admitidos tras agrias controversias en el Congreso sobre la esclavitud. James Monroe fue el último presidente de la "dinastía de Virginia" durante el periodo revolucionario de la historia de Estados Unidos.

6. John Quincy Adams (1825-1892)

Partido Demócrata-Republicano y Partido Nacional Republicano | Vicepresidente: John C. Calhoun

Hijo mayor de John Adams, el segundo presidente de los Estados Unidos, John Quincy Adams siguió los pasos de su padre y fue el sexto presidente de los Estados Unidos, de 1825 a 1829. El joven Adams logró muy pocos de sus planes de mejora en el país.

Desde el principio de su presidencia, tuvo que enfrentarse al escrutinio inmisericorde de su adversario político, Andrew Jackson, que afirmaba que un "acuerdo corrupto" dio ventaja a John Quincy Adams en las elecciones de 1824. La incapacidad de superar las críticas mordaces de los seguidores de Jackson, combinada con la aprobación de un elevado arancel (o impuesto) protector en 1828, impidió a Adams ganar un segundo mandato.

John Quincy Adams dedicó su carrera al servicio de su país. Como diplomático extranjero, dirigió la delegación estadounidense durante el Tratado de Gante que puso fin a la Guerra de 1812. Adams también ayudó a negociar la adquisición de Florida a España y se comprometió con Gran Bretaña para obtener territorio en el Noroeste. Su contribución a la Doctrina Monroe en 1823, durante su mandato como secretario de Estado, proporcionó una base sólida para la política exterior de Estados Unidos.

Después de su presidencia, John Quincy Adams fue miembro de la Cámara de Representantes durante los últimos 17 años de su vida, esforzándose por limitar la expansión de la esclavitud en Estados Unidos. A pesar de las luchas personales y políticas a lo largo de su vida, Adams luchó diligentemente por la preservación de la libertad y el bienestar de la nación.

7. Andrew Jackson (1829-1837)

Partido Demócrata | Vicepresidentes: John C. Calhoun y Martin Van Buren

Con un origen político humilde, Andrew Jackson introdujo un nuevo tipo de democracia en el país cuando se convirtió en el séptimo presidente de Estados Unidos en 1829. En lugar de ganar unas elecciones con el respaldo tradicional de un partido político fuerte, Andrew Jackson triunfó gracias a un llamamiento directo a la masa de votantes. Fue el primer presidente de Estados Unidos procedente de la zona al oeste de los Apalaches, y aportó un nuevo enfoque a la política en Washington D.C. Su movimiento de defensa de la democracia popular y del hombre común se conoce como Democracia Jacksoniana.

Con una fuerte voluntad y una audaz determinación, Andrew Jackson dirigió el país con el mismo rigor con el que dirigió sus conquistas militares en la Guerra de 1812 y la Primera Guerra de los Seminoles, que allanó el camino para la anexión de Florida por parte de Estados Unidos. Su carácter ardiente le hizo ganarse el respeto de sus subordinados, amigos y enemigos por igual. En la Casa Blanca, Jackson superó una crisis con Carolina del Sur sobre la anulación (o declaración de invalidez) de las leyes federales.

Andrew Jackson llevó a las tribus nativas americanas más al oeste. Para eliminar la corrupción bancaria, vetó la carta del banco federal. Jackson también influyó en el crecimiento del Partido Demócrata que estimuló el renacimiento de la política bipartidista.

8. Martin Van Buren (1837-1841)

Partido Demócrata | Vicepresidente: Richard Mentor Johnson

"Es más fácil hacer bien un trabajo que explicar por qué no lo hiciste".

El primer presidente nacido como ciudadano estadounidense fue Martin Van Buren, que fue el octavo presidente de los Estados Unidos y uno de los fundadores del partido demócrata. Antes de su mandato, entre 1837 y 1841, los siete primeros presidentes habían nacido antes de la firma de la Declaración de Independencia, por lo que eran súbditos británicos de nacimiento.

Martin Van Buren llegó a la presidencia en medio de una economía nacional en crisis. Varios de sus compañeros demócratas culparon a su administración por no revertir el estado de la economía, y muchos de ellos transfirieron su lealtad al partido rival, el Whig. Además, los demócratas del sur estaban descontentos con su postura antiesclavista, uno de los factores que contribuyeron a su derrota para la reelección en 1840.

Inspirado por los principios de Jefferson, Van Buren se convirtió en un eminente político neoyorquino antes de ascender al ámbito nacional, primero en el Senado de los Estados Unidos, luego como secretario de Estado del presidente Andrew Jackson y más tarde como vicepresidente de éste. A lo largo de la turbulenta presidencia de Jackson, Martin Van Buren se mantuvo leal al hombre que admiraba como líder. Van Buren intentó seguir el ejemplo de Jackson cuando llegó a la Casa Blanca en 1837.

9. William Henry Harrison (1841-1841)

Partido Whig | Vicepresidente: John Tyler

El 4 de marzo de 1841, el general William Henry Harrison recorrió a paso ligero la avenida Pensilvania de Washington, D.C., para ser investido noveno presidente de los Estados Unidos. Esbelto y ligeramente encorvado, el vencedor de la Batalla de Tippecanoe tenía 68 años, el hombre de mayor edad en ser elegido presidente en el siglo XIX. Apenas un mes después, el 4 de abril, William Henry Harrison murió en la Casa Blanca, el primer presidente que moría en el cargo.

Esta tragedia, tan poco después del triunfo, fue típica de los altibajos de la vida de William Henry Harrison. Nacido en el seno de una familia acomodada, abandonó su hogar con sólo 18 años para abrirse camino. Tras una larga carrera en el ejército de EE.UU., sufrió ataques políticos por su habilidad como líder militar.

Como agricultor y hombre de negocios, William Henry Harrison pasó de la prosperidad a las grandes deudas. Cuando fue elegido presidente de los Estados Unidos, se alegró de ganar un pequeño salario como secretario del condado. Sin embargo, a pesar de todas las adversidades, William Henry Harrison fue siempre un caballero, amable, educado y con un valor firme.

10. John Tyler (1841-1845)

Partido Whig y Partido No Afiliado | Vicepresidente: Ninguno (vacante)

"Todo lo que depende de la acción humana es susceptible de abuso".

Nunca se esperó que John Tyler, alto y de voz suave, fuera presidente de los Estados Unidos. Cuando fue elegido vicepresidente en 1840, con William Henry Harrison como presidente, John Tyler no era más que un peón político. Sin embargo, Harrison murió después de sólo un mes en el cargo, y Tyler se convirtió en presidente: el primer vicepresidente que sucedió a la presidencia por la muerte de un presidente.

La administración de Tyler fue tormentosa. Personalmente, John Tyler era suave y amable. Políticamente no tenía más que enemigos. Una y otra vez, multitudes enfurecidas lo quemaron en efigie, incluso a la vista de la Casa Blanca, pero él nunca mostró su ira.

Las opiniones sobre él son muy diversas. El presidente Theodore Roosevelt declaró: "Se ha llamado a Tyler un hombre mediocre, pero esto es un halago injustificado. Era un político de una pequeñez monumental". Antes de que llegara a la presidencia, Woodrow Wilson dijo que "la naturaleza y el hábito le prohibían a John Tyler una franqueza ... sin vacilaciones.... no tenía ni la iniciativa ni la audacia suficiente para el liderazgo".

Algunos historiadores posteriores, sin embargo, dicen que sus enemigos políticos confundieron la cortesía de Tyler con debilidad. Admiten que vaciló en algunas cuestiones, pero señalan que sus críticos suelen ignorar sus logros como presidente. Estos historiadores califican a John Tyler como un administrador capaz y previsor, un hábil conciliador y un buen diplomático en asuntos exteriores.

John Tyler llevó al Congreso a reorganizar la Marina, a establecer el núcleo del actual Observatorio Naval y a promover un sistema nacional de telégrafos, que se convirtió en el corazón de la Oficina Meteorológica. El liderazgo de John Tyler ayudó a poner fin a las costosas guerras contra los indios seminolas.

Su mediación condujo al Tratado Webster-Ashburton, que estableció la frontera de Maine y Canadá. Su juicio tranquilo puso fin a la Rebelión de Dorr en Rhode Island. John Tyler ayudó a negociar el tratado con China para abrir sus puertos por primera vez. Finalmente, en sus últimos días como presidente obtuvo una resolución del Congreso para anexionar Texas.

11. James K. Polk (1845-1849)

Partido Demócrata | Vicepresidente: George M. Dallas

"¿Quién es James K. Polk?", se preguntaba la gente cuando fue nominado para presidente por los demócratas. Era una pregunta razonable, ya que Polk fue el primer "caballo negro" -candidato de compromiso- en ser nominado.

James Polk, ligero y trabajador, había ocupado cargos públicos durante 18 años a pesar de su frágil salud. Extremadamente concienzudo, serio y metódico, carecía de la personalidad dramática que llamaba la atención del público. Sin embargo, el anuncio de su elección como undécimo presidente fue uno de los más dramáticos de la historia. Lo hizo un mensajero secreto en un caballo a toda velocidad al amanecer. La administración de Polk, además, llevó a cabo varias medidas constructivas para los Estados Unidos.

Ningún presidente fue más consciente de su posición y responsabilidad que James Polk. En su diario privado se refería frecuentemente a sí mismo como "el Presidente". Se levantaba a las seis de la mañana y trabajaba hasta bien entrada la noche.

James Polk parecía sentir que todo el gobierno -y la nación- dependía de él. Aunque de voz suave e inusualmente cortés, Polk dominaba su gabinete y dirigía con firmeza los asuntos exteriores. Algunos historiadores lo han menospreciado. Otros dicen que sus críticos no tienen en cuenta sus logros.

12. Zachary Taylor (1849-1850)

Partido Whig | Vicepresidente: Millard Fillmore

El primer presidente de los Estados Unidos elegido después de la guerra mexicano-estadounidense fue un héroe popular de esa guerra, el general Zachary Taylor. Tras 40 años en el ejército, se convirtió en el primer hombre en ocupar el cargo más alto de la nación sin experiencia política previa. El mayor problema al que se enfrentó fue cómo organizar el gran territorio del suroeste adquirido a México.

El mayor logro de la administración del presidente Taylor fue en los asuntos exteriores. En 1850 su secretario de Estado, John M. Clayton, concertó el Tratado Clayton-Bulwer con Gran Bretaña. Este acuerdo allanó el camino para la construcción del Canal de Panamá medio siglo después.

En medio de una crisis nacional entre el Norte y el Sur por el territorio, Zachary Taylor murió repentinamente el 9 de julio de 1850, sólo 16 meses después de su toma de posesión.

13. Millard Fillmore (1850-1853)

Partido Whig | Vicepresidente: Ninguno (vacante)

En 1850, Estados Unidos estaba a punto de entrar en una guerra civil por el espinoso problema de la esclavitud. Una propuesta de compromiso había provocado la mayor tormenta política de la historia de la nación. En medio de esta amarga lucha, el presidente Zachary Taylor murió repentinamente el 9 de julio de 1850. Le sucedió en la presidencia el vicepresidente Millard Fillmore, un whig de Nueva York.

Millard Fillmore trabajó arduamente para lograr la aprobación de cinco medidas distintas que abordaran el problema de la esclavitud. Este conjunto de leyes, llamado el Compromiso de 1850, pospuso la guerra por otros 10 años. También puso fin a la carrera política de Fillmore. El Partido Whig se negó a nominarlo para un segundo mandato en 1852, y Fillmore se convirtió así en el último presidente Whig de la nación.

Al igual que los demás presidentes entre Jackson y Abraham Lincoln, Millard Fillmore no pudo ganar un segundo mandato. Su apoyo al Compromiso de 1850 le costó el respaldo de muchos líderes del partido en el Norte, aunque los Whigs del Sur le eran favorables. En retrospectiva, se ha visto que su objetivo al aceptar el compromiso era muy parecido al de Lincoln una década después. Quería preservar la Unión a toda costa, independientemente del resultado de la cuestión de la esclavitud.

14. Franklin Pierce (1853-1857)

Partido Demócrata | Vicepresidente: William R. King (Vacante después)

"Si tu pasado es limitado, tu futuro es ilimitado".

En 1852, los demócratas no pudieron ponerse de acuerdo con uno de los líderes de su partido para la candidatura presidencial. Finalmente se decantaron por un abogado poco conocido de New Hampshire, Franklin Pierce, como candidato.

En el momento de la elección de Pierce, la cuestión de la esclavitud se había calmado temporalmente con el Compromiso de 1850. Cuando el problema reapareció repentinamente durante su administración, Franklin Pierce tuvo poco éxito al tratar con él. Sus opiniones cambiantes le hicieron impopular, especialmente en el Norte, y Franklin Pierce no consiguió ganar un segundo mandato.

15. James Buchanan (1857-1861)

Partido Demócrata | Vicepresidente: John C. Breckinridge

"Sea cual sea el resultado, me llevaré a la tumba la conciencia de que al menos tuve buenas intenciones para mi país".

Cuando James Buchanan llegó a la presidencia en 1857, tenía un historial de 42 años de servicio público casi continuo. Incluso con esta larga experiencia, James Buchanan no fue un líder exitoso en una época de gran crisis para los Estados Unidos.

Los problemas de la esclavitud habían dividido gradualmente a la nación en dos partes hostiles: el Norte y el Sur. Cuando su mandato estaba terminando, siete estados esclavistas del Sur profundo aprovecharon el acontecimiento de la elección de Lincoln para separarse de la Unión.

Crearon un gobierno independiente, los Estados Confederados de América. Buchanan no pudo impedir esta acción. El resultado fue la Guerra Civil Americana, que comenzó durante el gobierno de su sucesor, Abraham Lincoln.

El gobierno de James Buchanan también es conocido por el colapso del partido demócrata y el ascenso al poder del nuevo partido republicano. Durante los siguientes 24 años sólo se eligieron presidentes republicanos.

16. Abraham Lincoln (1861-1865)

Partido Republicano y Partido de la Unión Nacional | Vicepresidentes: Hannibal Hamlin y Andrew Johnson

"No estoy obligado a ganar, pero sí a ser sincero. No estoy obligado a triunfar, pero sí a estar a la altura de la luz que tengo".

El decimosexto presidente de los Estados Unidos, Abraham Lincoln, figura entre los más grandes estadistas estadounidenses. Muchos historiadores lo sitúan también entre los mejores hombres de todos los tiempos. Lincoln llegó a la presidencia en un momento de gran crisis, con el país al borde de una guerra civil que amenazaba con dividir el Norte del Sur.

Combinando sus funciones de estadista y comandante en jefe, Abraham Lincoln llevó a los ejércitos federales a la victoria y mantuvo la Unión unida. De paso, consiguió el fin de la esclavitud en Estados Unidos.

Abraham Lincoln se ha convertido en un mito además de en un hombre. Aparte de su papel histórico como salvador de la Unión y Gran Emancipador de los esclavos, ha sido celebrado por su notable historia vital y su fundamental humanidad. Nacido en una cabaña de madera en la frontera, Abraham Lincoln se abrió camino en la vida para llegar al cargo más alto del país.

Abraham Lincoln lo hizo sin dejar de ser un firme idealista que no se desviaba del curso de acción correcto, un hombre de paciencia bondadosa y valiente, y un creyente en lo que él llamaba la "familia del hombre".

Sin embargo, el legado de Lincoln es complejo. En su propia época, muchos sureños le consideraban el destructor de su libertad y su modo de vida. Hoy, algunos historiadores conservadores siguen criticando a Lincoln por utilizar el poder del gobierno nacional para pisotear los derechos de los estados. Sin embargo, en opinión de Lincoln, había que preservar la Unión a toda costa. Valía la pena salvarla no sólo por su propio bien, sino también porque encarnaba un ideal, el ideal del autogobierno.

La pasión de Abraham Lincoln como portavoz de la democracia es un elemento clave del atractivo único y duradero de Lincoln, tanto para sus compatriotas como para personas de todo el mundo.

17. Andrew Johnson (1865-1869)

Partido de la Unión Nacional y Partido Democrático | Vicepresidente: Ninguno (vacante)

"Si siempre apoyas los principios correctos, ¡nunca obtendrás resultados equivocados!"

Andrew Johnson se convirtió en una figura pública durante la mayor crisis de la nación: la Guerra Civil estadounidense. Aunque procedía del estado esclavista de Tennessee, Johnson se negó a dimitir como senador de los Estados Unidos cuando el estado se separó; en su lugar, Andrew Johnson trabajó para preservar la Unión. Por sus esfuerzos ganó la vicepresidencia, asumiendo el cargo en marzo de 1865. Seis semanas después, Abraham Lincoln fue asesinado y Johnson se convirtió en presidente.

En su momento, la administración de Johnson fue ampliamente condenada. Los radicales, la facción mayoritaria del partido republicano, se opusieron amargamente en el Congreso a sus políticas de reconstrucción. Las luchas políticas resultantes condujeron a un intento infructuoso en el Senado de los Estados Unidos de destituir a Andrew Johnson.

18. Ulysses S. Grant (1869-1877)

Partido Republicano | Vicepresidentes: Schuyler Colfax y Henry Wilson

Desde sus humildes orígenes, Ulysses S. Grant llegó a comandar todos los ejércitos de la Unión en la Guerra Civil estadounidense y los condujo a la victoria. Su popularidad fue tan grande que el pueblo lo eligió dos veces para la presidencia.

Durante la guerra civil, el propio Hiram Ulysses Grant tomó el mando de los ejércitos de la Unión en el Este. El 4 de mayo de 1864, el ejército cruzó el río Rapidan en Virginia. Grant esperaba pasar sin ser molestado a través del enmarañado bosque del Wilderness, pero Lee atacó y el ejército de Grant sufrió terribles pérdidas. Sin embargo, Grant no dio marcha atrás.

"Me propongo", dijo, "luchar en esta línea aunque me lleve todo el verano".

Hiram Ulysses Grant fue más tarde a Washington para disolver el ejército. En 1866, el Congreso revivió para él el rango de general de pleno derecho, un título que no se utilizaba desde que George Washington lo había ostentado. La paga le dio a Grant seguridad financiera, y se convirtió en una figura familiar en las calles en su ligera calesa, conduciendo un brioso caballo. Le llovieron los regalos. Galena y Filadelfia le regalaron casas. La ciudad de Nueva York le dio 100.000 dólares.

Elección y presidencia

La Convención Nacional Republicana en Chicago nominó por unanimidad a Grant como presidente, con Schuyler Colfax de Indiana como vicepresidente.

En su discurso inaugural, Hiram Ulysses Grant había hablado de la necesidad de replantear la política del gobierno federal hacia los nativos americanos. Llamó a los indios los "ocupantes originales de esta tierra" y prometió trabajar para conseguir su "ciudadanía definitiva". Grant nombró a Ely S. Parker, un indio seneca que había servido a sus órdenes durante la Guerra Civil, como comisionado de Asuntos Indígenas. Parker fue el primer nativo americano en ocupar el cargo. Parker implementó los planes de Grant para los indios, que se conocieron como su Política de Paz.

En el verano de 1885, Julia Grant llevó a su marido a los Adirondacks, cerca de Saratoga, Nueva York. Allí terminó sus Memorias Personales una semana antes de que Hiram Ulysses Grant muriera el 23 de julio.

19. Rutherford B. Hayes (1877-1881)

Partido Republicano | Vicepresidente: William A. Wheeler

"Una de las pruebas de la civilización de los pueblos es el tratamiento de sus criminales".

Las elecciones presidenciales de 1876 entre Rutherford B. Hayes y Samuel Tilden fueron las más reñidas de la historia de Estados Unidos. Tanto los demócratas como los republicanos se acusaron mutuamente de fraude. Hasta el 2 de marzo, dos días antes de que expirara el mandato del presidente Grant, no se resolvió por fin la cuestión. La comisión electoral decidió a favor del candidato republicano, Hayes.

20. James A. Garfield (1881-1881)

Partido Republicano | Vicepresidente: Chester A. Arthur

"La verdad os hará libres, pero antes os hará desgraciados".

Nacido en una cabaña de madera, James Abram Garfield ascendió por sus propios medios hasta convertirse en presidente de una universidad, general de división en la Guerra Civil, líder en el Congreso y, finalmente, presidente de los Estados Unidos. Cuatro meses después de su toma de posesión, un asesino le disparó. Tras semanas de sufrimiento, murió.

21. Chester A. Arthur (1881-1885)

Partido Republicano | Vicepresidente: Ninguno (vacante)

"Sé apto para algo más que lo que estás haciendo ahora. Que todos sepan que tienes una reserva en ti mismo; que tienes más poder del que ahora estás usando".

En la noche del 19 de septiembre de 1881, el vicepresidente Chester A. Arthur estaba en su casa del 123 de la Avenida Lexington en la ciudad de Nueva York. A través de las ventanas abiertas pudo oír a los periodistas gritar: "¡El presidente Garfield se está muriendo!". Alrededor de la medianoche recibió un telegrama de los miembros del Gabinete de James A. Garfield en el que se le informaba de la muerte del presidente y se le aconsejaba que jurara el cargo sin demora.

Chester Alan Arthur prestó el juramento con firmeza, pero su corazón estaba apesadumbrado. Sabía que millones de estadounidenses le consideraban incapaz de ocupar la presidencia de los Estados Unidos.

22 & 24. Grover Cleveland (1885-1889, 1893-1897)

Partido Demócrata | Vicepresidente: Thomas A. Hendricks

Grover Cleveland fue el 22º y 24º presidente.

"Sé que soy honesto y sincero en mi deseo de hacerlo bien; pero la cuestión es si sé lo suficiente para lograr lo que deseo".

Grover Cleveland fue inflexible en su oposición a la expansión extranjera. En 1893 retiró del Senado un tratado que pedía la anexión de Hawai. En 1895, cuando los cubanos se rebelaron contra España, se mantuvo firme en la neutralidad. Sin embargo, actuó enérgicamente contra Gran Bretaña en su disputa con Venezuela y consiguió que se resolviera mediante arbitraje la frontera de la Guayana Británica (actual Guyana).

Cuando su segundo mandato llegó a su fin, el partido de Grover Cleveland rechazó el patrón oro y nominó a Bryan. El candidato republicano, William McKinley, ganó las elecciones. Cleveland se retiró a Princeton, Nueva Jersey, donde compró una mansión llamada Westland.

Poco a poco la opinión pública cambió, y los discursos y artículos de Cleveland fueron muy solicitados. En 1904 vio cómo el partido demócrata se declaraba a favor del patrón oro, "establecido por la tenaz persistencia y la indomable voluntad de Grover Cleveland". Grover Cleveland murió en Westland el 24 de junio de 1908 y fue enterrado en el antiguo cementerio de Princeton. Un monumento nacional en la Universidad de Princeton le rinde homenaje.

23. 23. Benjamin Harrison (1889-1893)

Partido Republicano | Vicepresidente: Levi P. Morton

"La oración lo estabiliza a uno cuando camina por lugares resbaladizos - incluso si las cosas pedidas no se dan".

Casi medio millón de personas asistieron bajo la lluvia a la toma de posesión de Benjamin Harrison en 1889. Era la toma de posesión del centenario de la nación. Justo 100 años antes, George Washington se había convertido en el primer presidente de los Estados Unidos.

Algunos ancianos de la multitud recordaron la toma de posesión del abuelo de Benjamin Harrison, William Henry Harrison. "El sombrero del abuelo le queda a Ben" era una canción de la campaña republicana. Sin embargo, a los caricaturistas les gustaba imaginar al nuevo presidente con un "sombrero del abuelo" demasiado grande para él. Benjamin Harrison era un hombre pequeño, que apenas medía 1,65 m.

El único mandato del presidente Harrison cayó entre los dos mandatos de Grover Cleveland, un demócrata. Cleveland era popular entre el pueblo pero impopular entre los líderes políticos. Harrison no era popular entre ninguno de ellos. De hecho, fue un misterio que fuera elegido. Era serio y digno, no era un político que agitara las manos ni un líder de hombres.

25. William McKinley (1897-1901)

Partido Republicano | Vicepresidentes: Garret Hobart y Theodore Roosevelt

"En el momento de la más oscura derrota, la victoria puede estar más cerca".

El 25º presidente de los Estados Unidos fue William McKinley. Fue el líder del país cuando, a finales del siglo XIX, se convirtió repentinamente en una potencia mundial al realizar adquisiciones territoriales en el extranjero tras la Guerra Hispanoamericana.

Pocos hombres en la vida pública han sido más queridos por el pueblo estadounidense que McKinley, y pocos han tenido amigos más devotos. No fue por sus actos como presidente, ni siquiera por su trágica muerte a manos de un asesino, sino simplemente porque era uno de los hombres más gentiles, amables y considerados.

William McKinley era naturalmente sociable y jovial, pero debido a la mala salud de su esposa llevaban una vida muy tranquila. Durante los años en que estuvo en la Casa Blanca, el entretenimiento se limitaba a los actos de Estado. McKinley solía pasar las tardes en casa, leyendo poesía en voz alta mientras su esposa hacía ganchillo. No tenía aficiones y nunca, ni siquiera de niño, practicó deportes, pero era un compañero encantador, lleno de diversión y buen humor.

William McKinley era un hombre bajo y fornido. Llevaba una postura rígida y erguida, en un esfuerzo inconsciente por aumentar su estatura. Algunos caricaturistas de la época pensaban que se parecía al emperador francés Napoleón. William McKinley se vestía con mucho cuidado. Un clavel rojo en el ojal de su abrigo y un chaleco de lino blanco impecable se estrenaban cada día.

26. Theodore Roosevelt (1901-1909)

Partido Republicano | Vicepresidente: Charles W. Fairbanks

"Haz lo que puedas, con lo que tengas, donde estés".

El presidente más joven de los Estados Unidos fue Theodore Roosevelt. Había sido vicepresidente con William McKinley. Llegó al cargo en 1901, justo antes de cumplir 43 años, cuando McKinley fue asesinado por un anarquista. Fue elegido por derecho propio en 1904.

Theodore Roosevelt tenía una tremenda energía y un gran espíritu. Un capitán de la policía de Nueva York comentó después de su muerte: "No es sólo que fuera un gran hombre, sino que, oh, era tan divertido ser dirigido por él". Un editor de periódicos de Nueva York, James Gordon Bennett, Jr., dijo de él: "Mientras él está en el vecindario, el público no puede mirar hacia otro lado más de lo que el niño pequeño puede apartar la cabeza de un desfile de circo seguido por una caliope de vapor".

27. William Howard Taft (1909-1913)

Partido Republicano | Vicepresidente: James S. Sherman

El único hombre de la nación que ocupó sus dos cargos más altos fue
William Howard Taft. Fue el 27º presidente de los Estados Unidos y más
tarde (1921-1930) el presidente del Tribunal Supremo de los Estados
Unidos. Ningún hombre estaba mejor preparado para estos cargos por sus
largos años de experiencia. Había ocupado cargos públicos de forma casi
ininterrumpida desde 1881.

William Howard Taft fue el primer gobernador civil de Filipinas (1901-1903) y secretario de guerra en el gabinete del presidente Theodore Roosevelt (1904-1909), sólo dos de los muchos altos cargos que ocupó.

Su gran tamaño y su famosa risa hicieron de Taft una figura memorable. Medía 1,65 metros, tenía la piel clara, ojos azules y pelo claro. En la época en que fue presidente pesaba 350 libras. William Howard Taft bromeaba sobre su volumen y no se ofendía por las bromas de los demás. Cuando se le pidió que aceptara una "cátedra de derecho" en la Universidad de Yale, respondió que lo haría si podían convertirla en un "sofá de derecho". Las sillas eran un problema. Siempre "miraba antes de sentarse" para evitar sillones o antigüedades en los que pudiera atascarse o desplomarse.

Cuando William Howard Taft era gobernador de Filipinas, hizo un viaje a las montañas en beneficio de su salud. Envió un telegrama al Secretario de Guerra Elihu Root: "Soporté bien el viaje. He cabalgado 25 millas hasta los 5.000 pies de altitud". Root le respondió: "Refiriéndose a su telegrama .....¿cómo está el caballo?"

Su biógrafo, Henry F. Pringle, ha descrito la risa de Taft: "Era, con toda probabilidad, la risa más contagiosa de la historia de la política. Comenzó con un temblor silencioso del amplio estómago de Taft. La siguiente señal fue una pausa en la lectura de su discurso, y la extensión de una lenta sonrisa en su rostro. Luego vino una especie de trago que pareció escaparse sin que fuera consciente de que el clímax estaba cerca. La risa seguía con fuerza a la propia carcajada, y el público se unía invariablemente a ella".

William Howard Taft tenía una reputación de pereza y de posponer las cosas de un día para otro que probablemente era infundada, ya que Taft realizaba una gran cantidad de trabajo. Como brillante conversador y narrador, se le consideraba un perfecto anfitrión.

A William Howard Taft le gustaba agasajar y ser agasajado, y a menudo cenaba en casas particulares, aunque los presidentes no suelen hacerlo mientras están en el cargo. A pesar de su tamaño, era un grácil bailarín y jugaba bien al tenis. Taft montaba a caballo casi a diario, era un apasionado del golf y del béisbol.

28. Woodrow Wilson (1913-1921)

Partido Demócrata | Vicepresidente: Thomas R. Marshall

"La amistad es el único cemento que mantendrá unido al mundo".

El presidente que dirigió a Estados Unidos durante los duros años de la Primera Guerra Mundial fue Woodrow Wilson. Probablemente fue el único presidente que fue un brillante estudiante y profesor además de estadista. Había sido profesor universitario, presidente de la Universidad de Princeton y autor de libros sobre el gobierno estadounidense.

Woodrow Wilson también había sido gobernador de Nueva Jersey. Trabajó sus convicciones políticas en las aulas. Luego entró en la política para poner en práctica sus teorías de gobierno.

29. Warren G. Harding (1921-1923)

Partido Republicano | Vicepresidente: Calvin Coolidge

"La honestidad es lo más esencial. Exalta la ciudadanía individual, y, sin honestidad, ningún hombre merece la confianza del pueblo en la actividad privada o en los cargos públicos."

"Volver a la normalidad" fue el lema de la campaña de Warren G. Harding, 29º presidente de los Estados Unidos. A los votantes estadounidenses de 1920, cansados de la guerra, les gustó tanto la idea que eligieron a este editor de periódicos de Ohio por una pluralidad de 7 millones de votos.

Warren G. Harding murió el 2 de agosto de 1923, antes de terminar su mandato, pero sus políticas conservadoras fueron seguidas por otros presidentes republicanos durante la próspera década de 1920.

30. Calvin Coolidge (1923-1929)

Partido Republicano | Vicepresidente: Charles G. Dawes

El sexto vicepresidente que se convirtió en presidente de los Estados Unidos a la muerte del jefe del ejecutivo fue Calvin Coolidge. Prestó juramento como trigésimo presidente a las 2:47 de la madrugada del 3 de agosto de 1923, unas horas después de la muerte del presidente Warren G. Harding.

Elegido para un segundo mandato en 1924, Coolidge fue un presidente popular. Republicano, ejerció su cargo en una época de rápido crecimiento industrial y empresarial, de grandes beneficios y de subida de las cotizaciones bursátiles, llamada el periodo de la "prosperidad Coolidge". En esta época de riqueza rápida y gasto libre, Calvin Coolidge defendía las sólidas virtudes yanquis de la economía, la precaución y el respeto a sí mismo.

31. Herbert Hoover (1929-1933)

Partido Republicano | Vicepresidente: Charles Curtis

"Sé paciente y tranquilo; nadie puede pescar con ira".

Cuando los votantes de Estados Unidos eligieron a Herbert Hoover como 31º presidente en 1928, el país disfrutaba de un boom industrial y financiero. Sin embargo, a los siete meses de su toma de posesión, el país fue engullido por una depresión que se extendió por todo el mundo.

Herbert Hoover ideó medidas de emergencia tanto en el ámbito nacional como en el exterior. Sin embargo, las condiciones empeoraron constantemente hasta que, al final de su mandato, más de 12 millones de personas estaban desempleadas. Culpado de los tiempos difíciles, fue derrotado en las elecciones de 1932.

32. Franklin D. Roosevelt (1933-1945)

Partido Demócrata | Vicepresidentes: John Nance Garner, Henry A. Wallace y Harry S. Truman

"No siempre podemos construir el futuro para nuestra juventud, pero sí podemos construir nuestra juventud para el futuro".

Muchos estadounidenses tenían fuertes sentimientos hacia Franklin D. Roosevelt durante sus 12 años como presidente. Muchos le odiaban. Pensaban que estaba destruyendo el país y el estilo de vida americano. La mayoría lo amaba. Creían que era un gran presidente, realmente interesado en la gente.

Franklin D. Roosevelt llegó a la presidencia en 1933. Estados Unidos estaba entonces sumido en una depresión comercial mundial. Millones de personas no tenían trabajo ni dinero. Roosevelt utilizó sus poderes para crear puestos de trabajo y ayudar a quienes lo necesitaban. Para ello tuvo que cambiar el papel del gobierno en la vida nacional. Para bien o para mal, muchas de las ideas de Roosevelt sobre el gobierno siguen siendo parte de la ley del país.

Franklin D. Roosevelt fue un gran líder. Durante la Segunda Guerra Mundial fue el verdadero comandante en jefe de las fuerzas armadas estadounidenses. Se hizo cargo del poderío industrial del país.

Franklin D. Roosevelt desempeñó un papel importante en la creación de las Naciones Unidas. Tanto en la paz como en la guerra, siempre contó con el apoyo del pueblo. Algunos de sus métodos pueden ser cuestionados, pero sus objetivos eran buenos.

33. Harry S. Truman (1945-1953)

Partido Demócrata | Vicepresidente: Alben W. Barkley

"Al leer la vida de los grandes hombres, descubrí que la primera victoria que obtuvieron fue sobre ellos mismos... la autodisciplina con todos ellos fue lo primero".

Era el final de la tarde de un cálido día de primavera. El vicepresidente Harry S. Truman acababa de escuchar un debate en el Senado. Recibió un mensaje telefónico. En él se le pedía que fuera a la Casa Blanca lo antes posible. El presidente Franklin D. Roosevelt había muerto en Warm Springs, Georgia. Esa noche, el 12 de abril de 1945, a las 19:09, Harry S.

Truman juró su cargo como trigésimo tercer presidente de los Estados Unidos.

Cuando terminó de prestar el juramento, el presidente Truman besó la Biblia. Más tarde dijo a varios periodistas de la Casa Blanca: "Me siento como si la luna y todas las estrellas y todos los planetas hubieran caído sobre mí. Por favor, muchachos, denme sus oraciones. Las necesito mucho".

El nuevo presidente se enfrentó a muchas dificultades. El final de la Segunda Guerra Mundial estaba a la vista, pero las fuerzas estadounidenses seguían luchando en Europa y el Pacífico. La gente en casa estaba supliendo las necesidades de sus propios combatientes y ayudando a sus aliados con un coste total de casi 90.000 millones de dólares al año. Se había desarrollado una bomba atómica. Era el arma más poderosa que el mundo había conocido. El presidente Truman sabía que debía decidir si usar o no la bomba en la guerra con Japón.

La victoria y la paz también trajeron sus problemas. La nueva Administración se enfrentó a las cuestiones de cómo tratar con las naciones derrotadas y cómo ayudar a los pueblos recién liberados. Tuvo que participar en la planificación de una organización mundial de naciones para imponer la paz. En el frente interno estaba la gigantesca tarea de restablecer la economía nacional en tiempos de paz.

34. Dwight D. Eisenhower (1953-1961)

Partido Republicano | Vicepresidente: Richard Nixon

"Ningún hombre vale tus lágrimas, pero una vez que encuentres uno que lo haga, no te hará llorar".

En la Segunda Guerra Mundial, el general Dwight D. Eisenhower se convirtió en uno de los comandantes más exitosos de la historia. Después de la guerra, aumentó su reputación militar con su trabajo como jefe del Estado Mayor del Ejército. Más tarde se convirtió en el primer jefe de los ejércitos de la Organización del Tratado del Atlántico Norte (OTAN). Al pasar a la política en 1952, Eisenhower demostró ser un comandante de éxito también en ese campo.

Tras ganar la nominación republicana para la presidencia, derrotó de forma aplastante al candidato demócrata, Adlai E. Stevenson. Dwight D. Eisenhower se convirtió en el 34º presidente de los Estados Unidos y en el primer presidente republicano en 20 años.

Durante el primer mandato de Eisenhower como presidente, 1953-57, la Guerra de Corea terminó y Estados Unidos alcanzó la mayor prosperidad de su historia hasta ese momento. En 1956, el partido republicano volvió a proponer a Eisenhower como candidato a la presidencia por unanimidad.

Haciendo campaña con una plataforma de "paz y prosperidad", Dwight D. Eisenhower derrotó decisivamente al mismo oponente demócrata, Stevenson. Obtuvo más de 35 millones de votos populares y 457 votos electorales. Stevenson recibió unos 26 millones de votos populares y 73 votos electorales. Richard Nixon fue elegido de nuevo vicepresidente.

35. John F. Kennedy (1961-1963)

Partido Demócrata | Vicepresidente: Lyndon B. Johnson

"Los que se atreven a fracasar estrepitosamente pueden conseguir grandes logros".

En noviembre de 1960, a la edad de 43 años, John F. Kennedy se convirtió en el hombre más joven elegido presidente de los Estados Unidos. Theodore Roosevelt se había convertido en presidente a los 42 años cuando el presidente William McKinley fue asesinado, pero no fue elegido a esa edad. El 22 de noviembre de 1963, John F. Kennedy fue asesinado a tiros en Dallas, Texas, siendo el cuarto presidente de los Estados Unidos en morir por la bala de un asesino.

John F. Kennedy fue el primer presidente católico de la nación. Tomó posesión en enero de 1961, sucediendo al presidente republicano Dwight D. Eisenhower. Derrotó al candidato republicano, el vicepresidente Richard M. Nixon, por poco más de 100.000 votos. Fue una de las elecciones más reñidas de la historia del país. Aunque Kennedy y su compañero de fórmula para la vicepresidencia, Lyndon B. Johnson, obtuvieron menos de la mitad de los más de 68 millones de votos emitidos, ganaron la votación del Colegio Electoral. John F. Kennedy se convirtió así en el decimocuarto presidente de una minoría.

Debido a lo reñido de la votación, los resultados de las elecciones fueron impugnados en muchos estados. El voto electoral oficial fue de 303 para Kennedy, 219 para Nixon y 15 para el senador Harry F. Byrd de Virginia.

36. Lyndon B. Johnson (1963-1969)

Partido Demócrata | Vicepresidente: Hubert Humphrey

*"Los libros y las ideas son las armas más eficaces
contra la intolerancia y la ignorancia".*

El 22 de noviembre de 1963, Lyndon B. Johnson juró su cargo como 36º presidente de los Estados Unidos. A su derecha estaba su esposa, Lady Bird. A su izquierda estaba Jacqueline Kennedy, con cara de piedra por la conmoción. Menos de dos horas antes, el presidente John F. Kennedy había muerto en un hospital de Dallas por las balas de un asesino. Le habían disparado mientras viajaba en una caravana por el centro de Dallas. Johnson, que iba dos coches detrás de Kennedy, resultó ileso.

Como vicepresidente de los Estados Unidos, Lyndon Johnson se convirtió inmediatamente en presidente. Era el cuarto vicepresidente que accedía al cargo más importante de la nación por el asesinato de su predecesor. El primer mensaje del nuevo presidente a la nación, televisado la noche de aquel fatídico día a su llegada a la base aérea de Andrews, cerca de Washington, D.C., fue breve. "Haré lo que pueda. Es todo lo que puedo hacer. Pido vuestra ayuda, y la de Dios".

El 3 de noviembre de 1964, los votantes de la nación eligieron a Johnson para un mandato completo. Derrotó abrumadoramente al senador republicano Barry M. Goldwater de Arizona. El senador Hubert H. Humphrey de Minnesota fue elegido vicepresidente. Lyndon B. Johnson calificó su aplastante victoria como "un tributo al programa iniciado por nuestro querido presidente, John F. Kennedy".

37. Richard Nixon (1969-1974)

Partido Republicano | Vicepresidentes: Spiro Agnew y Gerald Ford

"Recuerda siempre que los demás pueden odiarte, pero los que te odian no ganan si no los odias tú, y entonces te destruyes a ti mismo".

El primer presidente de Estados Unidos que dimitió de su cargo fue Richard Nixon. Antes de su retirada a mitad de mandato en 1974, había sido el segundo presidente en enfrentarse a un juicio político.

En 1968, en una remontada política sin precedentes en la historia de Estados Unidos, Nixon fue elegido trigésimo séptimo presidente de los Estados Unidos. Esta victoria se produjo tras dos importantes derrotas políticas. En su primera candidatura a la presidencia en 1960, el candidato demócrata, John F. Kennedy, le derrotó. Dos años más tarde sufrió una aplastante derrota en su campaña para la gobernación de su estado natal, California. Entonces se retiró temporalmente de la política para ejercer la abogacía.

Antes de las elecciones de 1960, la carrera política de Nixon había sido una serie de éxitos ininterrumpidos. Fue elegido al Congreso de los Estados Unidos en 1946, entró en el Senado de los Estados Unidos como su miembro más joven en 1951 y dos años más tarde, a los 39 años, se convirtió en el segundo vicepresidente más joven de la nación (el más joven fue John C. Breckinridge). (El más joven fue John C. Breckinridge.) Richard Nixon sirvió dos mandatos bajo el mandato del republicano Dwight D. Eisenhower.

En 1969, Richard Nixon fue el primer presidente desde el inicio del sistema bipartidista que asumió el cargo perjudicado por un Congreso de la oposición. Su escaso margen sobre los 73 millones de votos emitidos le convirtió en el 15º presidente en minoría. Nixon, con 301 votos electorales, derrotó al vicepresidente Hubert H. Humphrey.

En 1972, Richard Nixon obtuvo un récord de 46 millones de votos populares y ganó en 49 estados. Aunque George McGovern, el candidato demócrata, sólo recibió 17 votos electorales, los demócratas mantuvieron el control del Congreso. Fue una victoria aplastante para Nixon. Sin embargo, en 1974 su destitución parecía inevitable como consecuencia de los escándalos políticos en los que estaba implicado su personal.

38. Gerald Ford (1974-1977)

Partido Republicano | Vicepresidente: Nelson Rockefeller

Cuando Gerald Ford se convirtió en el 38º presidente de los Estados Unidos el 9 de agosto de 1974, el país tuvo por primera vez en su historia un jefe del ejecutivo designado. Asumió el liderazgo del país cuando su predecesor, Richard Nixon, se convirtió en el primer presidente de los Estados Unidos en dimitir.

En los dos años y medio de Gerald Ford como presidente, su mayor reto fue hacer frente a la grave recesión del país. A finales de 1975, sus prudentes políticas de limitación del gasto y control de la inflación parecían aportar una mejora constante a la economía. Sin embargo, el desempleo seguía siendo alto, y fue en gran parte por esta cuestión por la que Ford perdió las elecciones de 1976 frente al candidato demócrata, Jimmy Carter. El primer titular desde Herbert Hoover en ser derrotado para la presidencia, Ford recibió 241 votos electorales de 27 estados. Carter obtuvo casi 41 millones de votos populares, mientras que Ford obtuvo 39 millones.

Gerald Ford era el líder de la minoría de la Cámara de Representantes de EE.UU. cuando el presidente Nixon lo designó vicepresidente el 12 de octubre de 1973. El vicepresidente Spiro T. Agnew había dimitido dos días antes, tras declararse inocente de un delito de evasión de impuestos federales.

Gerald Ford ascendió a la vicepresidencia en virtud de la 25ª Enmienda de la Constitución, aprobada en 1967. Esta enmienda autoriza al presidente a cubrir cualquier vacante en el cargo de vicepresidente, previa confirmación por mayoría de votos en ambas cámaras del Congreso.

Los escándalos de la Administración Nixon dejaron claro que Ford podría llegar a la presidencia. El Congreso le sometió al mayor escrutinio jamás realizado a un funcionario público. Una investigación de la Oficina Federal de Investigación y las audiencias abiertas del Congreso dieron como resultado la confirmación de Ford por un voto de 92 a 3 en el Senado y 387 a 35 en la Cámara. Prestó juramento el 6 de diciembre de 1973.

En sus 25 años como congresista republicano por Grand Rapids, Michigan, Gerald Ford fue inequívocamente partidista y conservador en su política. Sin embargo, su oposición demócrata le respetaba como político y le apreciaba como hombre de confianza y sin pretensiones.

39. Jimmy Carter (1977-1981)

Partido Demócrata | Vicepresidente: Walter Mondale

---

*"Debemos adaptarnos a los tiempos cambiantes y
seguir manteniendo los principios inalterables".*

En noviembre de 1976 Jimmy Carter fue elegido el 39º presidente de los
Estados Unidos. Su énfasis en la moralidad en el gobierno y su
preocupación por el bienestar social atrajeron a los votantes,
preocupados por la corrupción en el gobierno y los problemas
económicos.

Al ganar la presidencia, Jimmy Carter y su candidato a la vicepresidencia,
Walter F. Mondale de Minnesota, derrotaron al titular republicano,
Gerald R. Ford, y a su compañero de fórmula, el senador Robert J. Dole de
Kansas. Carter obtuvo la mitad del voto popular y recibió 297 votos
electorales de 23 estados y el Distrito de Columbia.

Renombrado en 1980, a pesar de un fuerte desafío por parte del senador
Edward Kennedy de Massachusetts, Carter sólo recibió 49 votos
electorales de seis estados y el Distrito. Perdió ante el candidato
republicano, Ronald Reagan, por un amplio margen. Carter había sido el

primer hombre criado en el Sur profundo en ser elegido presidente desde la época anterior a la Guerra Civil.

40. Ronald Reagan (1981-1989)

Partido Republicano | Vicepresidente: George H. W. Bush

> *"El mejor líder no es necesariamente el que hace las cosas más grandes. Es el que consigue que la gente haga las cosas más grandes".*

En 1980, Ronald Reagan fue elegido el 40º presidente de los Estados Unidos en un impresionante batacazo electoral. El Gran Comunicador, como a veces se le llamaba, era un antiguo actor conocido por su encanto campechano y su seguridad como orador, y consiguió los votos de grupos divergentes que tradicionalmente no habían apoyado al Partido Republicano. Derrotó a Jimmy Carter, el presidente demócrata en ejercicio, por un voto electoral de 489 a 49. En 1984, Ronald Reagan fue reelegido con una cifra sin precedentes de 525 votos electorales.

Ronald Reagan estaba considerado como el candidato más conservador que había ganado el cargo en medio siglo. Era un crítico de los programas de bienestar social, un defensor de un ejército fuerte y un ferviente opositor al comunismo. También fue uno de los pocos hombres que llegaron a la presidencia sin haber pasado la mayor parte de su vida en la política o en una profesión de servicio público estrechamente relacionada.

Durante 30 años, Ronald Reagan había sido principalmente un artista de la radio, el cine y la televisión. Aunque había participado activamente en causas políticas, no se convirtió en candidato a un cargo público hasta pasados los 50 años.

41. George H. W. Bush (1989-1993)

Partido Republicano | Vicepresidente: Dan Quayle

Después de ejercer dos mandatos como vicepresidente con Ronald Reagan, George H.W. Bush fue elegido 41º presidente de los Estados Unidos en 1988. Por primera vez desde que Martin Van Buren ganara en 1836, un vicepresidente en funciones sucedió directamente a la presidencia mediante una elección y no por la muerte o la dimisión del titular.

George H. W. Bush, el candidato republicano, derrotó a su oponente demócrata, el gobernador Michael Dukakis de Massachusetts, con el 53% del voto popular y 426 votos electorales.

El acontecimiento que definió la presidencia de Bush fue la Guerra del Golfo Pérsico, en la que una fuerza multinacional dirigida por Estados Unidos obligó a Irak a retirarse de Kuwait.

La guerra elevó el índice de popularidad de George H.W. Bush hasta cerca del 90% a principios de 1991, el más alto jamás medido para un presidente estadounidense hasta ese momento. Sin embargo, a mediados de 1992 su índice de popularidad había caído por debajo del 30% debido a las dificultades de la economía.

George H.W. Bush fracasó en su intento de reelección, perdiendo las elecciones de 1992 frente al demócrata Bill Clinton. Bush sólo obtuvo el 37% del voto popular, menos que cualquier otro titular desde que William Howard Taft perdió la presidencia en 1912.

42. Bill Clinton (1993-2001)

Partido Demócrata | Vicepresidente: Al Gore

Haciendo hincapié en el cambio y en un "nuevo pacto" entre los ciudadanos y el gobierno, el gobernador Bill Clinton de Arkansas fue elegido el 42º presidente de los Estados Unidos en 1992. Fue uno de los hombres más jóvenes y el primer demócrata desde 1976 en ser elegido para el más alto cargo del país.

Bill Clinton y su compañero de fórmula para la vicepresidencia, el senador Al Gore de Tennessee, derrotaron a la candidatura republicana del presidente George Bush y el vicepresidente Dan Quayle. Clinton fue reelegido en 1996, convirtiéndose en el primer presidente demócrata desde Franklin D. Roosevelt en ser elegido para un segundo mandato completo.

Presidente popular, Bill Clinton supervisó la expansión económica más larga del país en tiempos de paz. Sin embargo, su presidencia se vio empañada por el escándalo. En 1998 se convirtió en el segundo presidente de EE.UU. en ser destituido. Fue absuelto por el Senado en 1999.

43. George W. Bush (2001-2009)

Partido Republicano | Vicepresidente: Dick Cheney

George W. Bush, el hijo mayor del ex presidente de los Estados Unidos George Bush, salió de la sombra de su famoso padre para ser elegido presidente él mismo en 2000. Como popular gobernador de Texas, George W. Bush se había ganado la atención nacional como un supuesto "nuevo republicano" que combinaba los valores tradicionales del partido republicano con una perspectiva social autodenominada "conservadora compasiva".

La combinación de carisma de chico de campo y entusiasmo sin límites de George W. Bush le ayudó a ganar la elección como 43º jefe del ejecutivo del país. Con su victoria, ocupó su lugar junto a John Quincy Adams como el segundo hijo de un presidente que también ocupó el cargo.

Sin embargo, para llegar a la Casa Blanca, Bush tuvo que ganar una de las elecciones presidenciales más reñidas y disputadas de la historia de Estados Unidos. Los resultados finales de los votos populares situaron a Bush y a su compañero de fórmula para la vicepresidencia, el ex congresista de Wyoming Dick Cheney, por detrás del candidato demócrata, el vicepresidente Al Gore, y su compañero de fórmula, el senador Joseph Lieberman de Connecticut, por unos 500.000 votos de los más de 100 millones emitidos.

Sin embargo, George W. Bush ganó en suficientes estados para obtener un total de 271 votos en el colegio electoral, uno más que el número mínimo necesario para acceder a la presidencia; Gore se quedó a las puertas, con 266 votos electorales. Con la victoria republicana -que sólo quedó asegurada tras semanas de recuentos e impugnaciones legales- Bush se convirtió en el primer presidente elegido a pesar de haber perdido el voto popular desde 1888, cuando Benjamin Harrison derrotó a Grover Cleveland. La votación electoral fue la más reñida desde que Rutherford B. Hayes derrotó a Samuel J. Tilden por un voto electoral en 1876.

George W. Bush y Cheney ganaron la reelección para un segundo mandato en 2004 frente a sus contrincantes demócratas, el senador John Kerry de Massachusetts y el senador John Edwards de Carolina del Norte. La seguridad nacional fue un tema político importante en las elecciones, que fueron las primeras presidenciales en Estados Unidos desde los ataques terroristas del 11 de septiembre de 2001.

Con el país prácticamente dividido en muchos temas, ambos partidos lucharon por las elecciones con campañas especialmente intensas, amargas y costosas. George W. Bush y Cheney fueron reelegidos con 286 votos electorales frente a los 251 de los demócratas y con una pequeña pero clara mayoría en el voto popular.

44. Barack Obama (2009-2017)

Partido Demócrata | Vicepresidente: Joe Biden

"La mejor manera de no sentirse desesperado es levantarse y hacer algo. No esperes a que te ocurran cosas buenas. Si sales y haces que ocurran cosas buenas, llenarás el mundo de esperanza, te llenarás a ti mismo de esperanza."

En sólo cuatro años, Barack Obama logró un improbable ascenso desde la legislatura estatal de Illinois hasta el más alto cargo de Estados Unidos. El primer afroamericano en ganar la presidencia, hizo historia con su rotunda victoria sobre el republicano John McCain en las elecciones de 2008.

El elocuente mensaje de esperanza y cambio de Barack Obama atrajo a los votantes de todo el país, incluso en estados que llevaban décadas sin apoyar a un candidato presidencial demócrata. Obama y su vicepresidente, Joe Biden, fueron elegidos para un segundo mandato en 2012.

Durante la mayor parte de su presidencia, Barack Obama se enfrentó a una tenaz oposición republicana a casi todas sus propuestas. Sin embargo, ayudó a sacar a la economía de una crisis histórica y supervisó la aprobación de una ley de reforma sanitaria histórica. Barack Obama también puso fin a la impopular guerra de Irak y logró avances diplomáticos con Irán y Cuba.

45. Donald Trump (2017-2021)

Partido Republicano | Vicepresidente: Mike Pence

"Observa, escucha y aprende. No puedes saberlo todo tú mismo. Cualquiera que crea que lo sabe está destinado a la mediocridad".

En una sorprendente sorpresa política, Donald Trump fue elegido el 45º presidente de Estados Unidos en 2016. Hizo historia al ser el primer candidato en ganar la elección al cargo más alto del país sin tener experiencia política o militar previa.

Antes de entrar en política, Donald Trump amasó una fortuna como promotor inmobiliario y ganó fama como estrella de realities. En 2016 su estatus de celebridad le ayudó a ganar la nominación presidencial del

Partido Republicano, y en las elecciones generales derrotó a Hillary Clinton para hacerse con la presidencia. Ocupó el cargo de presidente desde 2017 hasta 2021.

Donald Trump también hizo historia al ser el primer presidente en ser sometido a un juicio político dos veces. Fue destituido en 2019 por dos cargos, abuso de poder y obstrucción al Congreso. Se le acusó de haber presionado a Ucrania para que iniciara investigaciones sobre los negocios de su rival político, Joe Biden, y del hijo de este.

Las investigaciones podrían haber hecho parecer que Biden estaba involucrado en un escándalo, perjudicando potencialmente sus posibilidades en las próximas elecciones presidenciales. Trump fue absuelto de ambos cargos en su juicio en el Senado.

Después de que Donald Trump perdiera las elecciones presidenciales de 2020 frente a Biden, Trump insistió falsamente en que había habido un fraude electoral generalizado. Él y sus aliados buscaron varias vías para intentar anular los resultados de las elecciones. Trump fue impugnado de nuevo en 2021, acusado de haber animado a una turba violenta de sus partidarios a asaltar el Capitolio de Estados Unidos mientras se certificaban los resultados de las elecciones.

46. Joe Biden (2021-ahora)

Partido Demócrata | Vicepresidente: Kamala Harris

"La verdadera valentía es cuando hay muy pocas posibilidades de ganar, pero se sigue luchando".

El político demócrata Joe Biden se convirtió en el 46º presidente de Estados Unidos en 2021. Tuvo una larga carrera política. Biden fue uno de los senadores más jóvenes de la historia de Estados Unidos cuando asumió el cargo en 1973. Al ganar la reelección seis veces, se aseguró el honor de ser el senador de Delaware que más tiempo ha estado en el cargo.

En 2008 Joe Biden fue elegido vicepresidente de Estados Unidos como compañero de fórmula de Barack Obama. Biden fue vicepresidente desde 2009 hasta 2017. Joe Biden se presentó a la presidencia en 2020 como candidato demócrata.

Tu regalo

Tienes un libro en tus manos.

No es un libro cualquiera, es un libro de Student Press Books. Escribimos sobre héroes negros, mujeres empoderadas, mitología, filosofía, historia y otros temas interesantes.

Ya que has comprado un libro, queremos que tengas otro gratis.

Todo lo que necesita es una dirección de correo electrónico y la posibilidad de suscribirse a nuestro boletín (lo que significa que puede darse de baja en cualquier momento).

¿A qué espera? Suscríbase hoy mismo y reclame su libro gratuito al instante. Todo lo que tiene que hacer es visitar el siguiente enlace e introducir su dirección de correo electrónico. Se le enviará el enlace para descargar la versión en PDF del libro inmediatamente para que pueda leerlo sin conexión en cualquier momento.

Y no te preocupes: no hay trampas ni cargos ocultos; sólo un regalo a la vieja usanza por parte de Student Press Books.

Visite este enlace ahora mismo y suscríbase para recibir un ejemplar gratuito de uno de nuestros libros.

Link: https://campsite.bio/studentpressbooks

Libros

Nuestros libros están disponibles en las principales librerías online.
Descubra los paquetes digitales de nuestros libros aquí:

https://payhip.com/studentPressBooksES

La serie de libros sobre la historia de la raza negra.

Bienvenido a la serie de libros sobre la historia de la raza negra. Conozca
los modelos de conducta de los negros con estas inspiradoras biografías
de pioneros de América, África y Europa. Todos sabemos que la Historia
de la raza negra es importante, pero puede ser difícil encontrar buenos
recursos.

Muchos de nosotros estamos familiarizados con los sospechosos
habituales de la cultura popular y los libros de historia, pero estos libros
también presentan a héroes y heroínas afroamericanas menos conocidos
de todo el mundo cuyas historias merecen ser contadas. Estos libros de
biografías te ayudarán a comprender mejor cómo el sufrimiento y las
acciones de las personas han dado forma a sus países y comunidades
marcando a las futuras generaciones.

Títulos disponibles:

1. 21 líderes afroamericanos inspiradores: Las vidas de grandes
    triunfadores del siglo XX: Martin Luther King Jr., Malcolm X, Bob
    Marley y otras personalidades

2. 21 heroínas afroamericanas extraordinarias: Relatos sobre las mujeres de raza negra más relevantes del siglo XX: Daisy Bates, Maya Angelou y otras personalidades

La serie de libros "Empoderamiento femenino".

Bienvenido a la serie de libros Empoderamiento femenino. Descubre los intrépidos modelos femeninos de los tiempos modernos con estas inspiradoras biografías de pioneras de todo el mundo. El empoderamiento femenino es un tema importante que merece más atención de la que recibe. Durante siglos se ha dicho a las mujeres que su lugar está en el hogar, pero esto nunca ha sido cierto para todas las mujeres o incluso para la mayoría de ellas.

Las mujeres siguen estando poco representadas en los libros de historia, y las que llegan a los libros de texto suelen quedar relegadas a unas pocas páginas. Sin embargo, la historia está llena de relatos de mujeres fuertes, inteligentes e independientes que superaron obstáculos y cambiaron el curso de la historia simplemente porque querían vivir su propia vida.

Estos libros biográficos te inspirarán a la vez que te enseñarán valiosas lecciones sobre la perseverancia y la superación de la adversidad. Aprende de estos ejemplos que todo es posible si te esfuerzas lo suficiente.

Títulos disponibles:

1. 21 mujeres sorprendentes: Las vidas de las intrépidas que rompieron barreras y lucharon por la libertad: Angela Davis, Marie Curie, Jane Goodall y otros personajes
2. 21 mujeres inspiradoras: La vida de mujeres valientes e influyentes del siglo XX: Kamala Harris, Madre Teresa y otras personalidades
3. 21 mujeres increíbles: Las inspiradoras vidas de las mujeres artistas del siglo XX: Madonna, Yayoi Kusama y otras personalidades
4. 21 mujeres increíbles: La influyente vida de las valientes mujeres científicas del siglo XX

La serie de libros de Líderes Mundiales.

Bienvenido a la serie de libros de Líderes Mundiales. Descubre los modelos reales y presidenciales del Reino Unido, Estados Unidos y otros países. Con estas biografías inspiradoras de la realeza, los presidentes y los jefes de Estado, conocerás a los valientes que se atrevieron a liderar, incluyendo sus citas, fotos y datos poco comunes.

La gente está fascinada por la historia y la política y por aquellos que la moldearon. Estos libros ofrecen nuevas perspectivas sobre la vida de personajes notables. Esta serie es perfecta para cualquier persona que quiera aprender más sobre los grandes líderes de nuestro mundo; jóvenes lectores ambiciosos y adultos a los que les gusta leer sobre personajes interesante.

Títulos disponibles:

1. Los 11 miembros de la familia real británica : La biografía de la Casa de Windsor: La reina Isabel II y el príncipe Felipe, Harry y Meghan y más
2. Los 46 presidentes de América : Sus historias, logros y legados: De George Washington a Joe Biden
3. Los 46 presidentes de América: Sus historias, logros y legados - Edición ampliada

La serie de libros de Mitología Cautivadora.

Bienvenido a la serie de libros de Mitología Cautivadora. Descubre los dioses y diosas de Egipto y Grecia, las deidades nórdicas y otras criaturas mitológicas.

¿Quiénes son estos antiguos dioses y diosas? ¿Qué sabemos de ellos? ¿Quiénes eran realmente? ¿Por qué se les rendía culto en la antigüedad y de dónde procedían estos dioses?

Estos libros presentan nuevas perspectivas sobre los dioses antiguos que inspirarán a los lectores a considerar su lugar en la sociedad y a aprender sobre la historia. Estos libros de mitología también examinan temas que influyeron en ella, como la religión, la literatura y el arte, a través de un formato atractivo con fotos o ilustraciones llamativas.

Títulos disponibles:

1. El antiguo Egipto: Guía de los misteriosos dioses y diosas egipcios: Amón-Ra, Osiris, Anubis, Horus y más

2. La antigua Grecia: Guía de los dioses, diosas, deidades, titanes y héroes griegos clásicos: Zeus, Poseidón, Apolo y otros
3. Antiguos cuentos nórdicos: Descubriendo a los dioses, diosas y gigantes de los vikingos: Odín, Loki, Thor, Freya y más

La serie de libros de Teoría Simple.

Bienvenido a la serie de libros de Teoría Simple. Descubre la filosofía, las ideas de los antiguos filósofos y otras teorías interesantes. Estos libros presentan las biografías e ideas de los filósofos más comunes de lugares como la antigua Grecia y China.

La filosofía es un tema complejo, y mucha gente tiene dificultades para entender incluso lo más básico. Estos libros están diseñados para ayudarte a aprender más sobre la filosofía y son únicos por su enfoque sencillo. Nunca ha sido tan fácil ni tan divertido comprender mejor la filosofía como con estos libros. Además, cada libro también incluye preguntas para que puedas profundizar en tus propios pensamientos y opiniones.

Títulos disponibles:

1. Filosofía griega: Vidas e ideales de los filósofos de la antigua Grecia: Sócrates, Platón, Protágoras y otros
2. Ética y Moral: Filosofía moral, bioética, retos médicos y otras ideas éticas

La serie de libros Empoderamiento para jóvenes empresarios.

Bienvenido a la serie de libros Empoderamiento para jóvenes empresarios. Nunca es demasiado pronto para que los jóvenes ambiciosos comiencen su carrera. Tanto si eres una persona con mentalidad empresarial que intentas construir tu propio imperio, como si eres un aspirante a empresario que comienza el largo y sinuoso camino, estos libros te inspirarán con las historias de empresarios de éxito.

Conoce sus vidas y sus fracasos y éxitos. Toma el control de tu vida en lugar de simplemente vivirla.

Títulos disponibles:

1. 21 empresarios de éxito: Las vidas de importantes personalidades exitosas del siglo XX: Elon Musk, Steve Jobs y otros
2. 21 emprendedores revolucionarios: La vida de increíbles personalidades del siglo XIX: Henry Ford, Thomas Edison y otros

La serie de libros de Historia fácil.

Bienvenido a la serie de libros de Historia fácil. Explora varios temas históricos desde la edad de piedra hasta los tiempos modernos, además de las ideas y personas influyentes que vivieron a lo largo de los tiempos.

Estos libros son una forma estupenda de entusiasmarse con la historia. Los libros de texto, áridos y aburridos, suelen desanimar a la gente, pero las historias de personas corrientes que marcaron un punto de inflexión en la historia mundial, son muy atrayentes. Estos libros te dan esa oportunidad a la vez que te enseñan información histórica importante.

Títulos disponibles:

1. La Primera Guerra Mundial, sus grandes batallas y las personalidades y fuerzas implicadas
2. La Segunda Guerra Mundial: La historia de la Segunda Guerra Mundial, Hitler, Mussolini, Churchill y otros protagonistas implicados
3. El Holocausto: Los nazis, el auge del antisemitismo, la Noche de los cristales rotos y los campos de concentración de Auschwitz y Bergen-Belsen
4. La Revolución Francesa: El Antiguo Régimen, Napoleón Bonaparte y las guerras revolucionarias francesas, napoleónicas y de la Vendée

Nuestros libros están disponibles en las principales librerías online. Descubra los paquetes digitales de nuestros libros aquí:
https://payhip.com/studentPressBooksES

Conclusión

Esperamos que hayas disfrutado leyendo sobre los 46 presidentes de América. Acabas de aprender datos interesantes sobre los presidentes americanos, incluyendo lo que hicieron antes de ser presidentes, cómo cada uno sirvió como presidente, dónde están ahora en la vida, etc.

Esperamos que te haya encantado conocer a estos valientes que se atrevieron a ser presidentes de EE.UU.

Deseamos que te haya gustado conocer algunos de los rasgos más importantes que poseían, como la valentía, la inteligencia y la determinación.

¿Has leído esta lectura educativa? ¿Qué te ha parecido? ¡Háznoslo saber con una bonita reseña del libro!

Nos encantaría leerla, así que no dejes de escribir una.